SAINT-DENIS — LA PROMENADE DES CAMÉLIAS

LE PASSÉ DE LA RÉUNION

En 1505 (quelques-uns disent en 1513, la date est incertaine), Pedro de Mascarenhas découvrit, à l'est de Madagascar, trois îles s'avançant dans la mer des Indes. Il appela la plus importante Santa Apollonia; mais, en 1515, le Portugal leur donna à toutes les trois le nom collectif de Mascareignes, pour reconnaître le don fait à la couronne des Bragance par l'heureux navigateur. Jusqu'à la fin du XVIe siècle les Européens n'y eurent aucun établissement, et ni les Hollandais, qui visitèrent ces parages en 1598, ni les Anglais, qui y mouillèrent en 1613, ne jugèrent avantageux de s'y fixer.

Aussi lorsque les douze bannis qui avaient pris part à l'insurrection malgache de Fort-Dauphin en 1646 vinrent chercher à Bourbon — nom français de Santa Apollonia — un refuge sur cette terre insulaire richement boisée, abondamment fertile et exceptionnellement saine, leur fut-il facile d'en prendre possession. Cependant, trois ans après, Flacourt, gouverneur de Madagascar, réclama son droit de souveraineté sur ce qu'il considérait comme une dépendance de sa juridiction et un apanage des rois de France. Bientôt d'autres occupants vinrent se joindre aux premiers. On construisit à l'ouest de l'île, sur la côte, un groupe d'habitations qui devint la ville de Saint-Paul, et, au nord, on bâtit Sainte-Suzanne en 1667 et Saint-Denis en 1669. Des familles d'émigrants y firen-

souche. Toutefois, à la veille du XVIIIe siècle, il n'y avait encore à Bourbon qu'une population de 500 âmes. Pour favoriser le développement de cette colonie, la métropole s'efforça d'y introduire certaines cultures telles que le café. Une ordonnance royale de 1717 édicta que chaque habitant, de quinze à soixante ans, devrait planter et cultiver cent pieds de caféier. Cette capitation d'ordre économique produisit de bons résultats. Au lieu de mauvais café indigène, on cultiva le moka importé d'Arabie et il prospéra si bien que tandis qu'en 1734 l'importation n'en était que de 9,000 kilogrammes à peine, elle s'élevait en 1789 déjà à deux millions et atteignit en 1801 près de trois millions et demi. Parmi les gouverneurs qui contribuèrent le plus activement à ces progrès, il faut citer avant tout Mahé de la Bourdonnais.

La Révolution avait changé officiellement la dénomination de Bourbon en celle de la Réunion (1794). l'Empire changea ce nom en celui d'île Bonaparte (1806). Un peu avant cette dernière date, les Anglais, usant de leurs droits de belligérants envers la France, capturèrent dans la rade de Saint-Denis un navire français avec toute sa cargaison, et cet acte d'hostilité étant resté inaperçu ou impuni, ils le renouvelèrent l'année suivante, favorisés dans leur entreprise par les circonstances. En 1807, il y eut à Bonaparte des pluies diluviennes qui détruisirent presque toutes les plantations en emportant la terre végétale, et un cyclone acheva pendant plusieurs jours cette œuvre de dévastation. Il s'ensuivit une famine à laquelle succombèrent un grand nombre de colons, et durant trois mois les autorités n'eurent pas d'autres occupations que d'enregistrer les décès. La colonie se trouva tellement affaiblie, qu'elle fut dans l'impossibilité d'opposer la moindre résistance aux envahisseurs britanniques.

L'Angleterre redoubla d'ardeur. Le 6 juillet 1810, 20 navires anglais montés par 5,000 hommes parurent devant l'île. Le colonel Keating fit débarquer des troupes sur plusieurs points à la fois; il y eut une bataille sanglante, les Bourbonnais furent vaincus, et la capitale de l'île, Saint-Denis, tomba au pouvoir de l'ennemi, après avoir honorablement capitulé. La Réunion resta de 1810 à 1815 aux Anglais, qui nous la restituèrent le 6 avril de cette dernière année. A partir de ce moment elle recouvra ses avantages économiques. La nouvelle industrie sucrière (1), la culture de la vanille, refirent sa fortune. En même temps, ses institutions adminis-

(1) Après l'ouragan de 1806, on substitua presque partout à la culture du café celle de la canne à sucre. Cette dernière fit des progrès si considérables que lorsque Dumont d'Urville visita l'île on y récoltait déjà 18 millions de kilogrammes de sucre pour 700,000 kilogrammes de café. « Année commune, dit l'illustre navigateur dans son *Voyage autour du monde*, il entre de deux cents à deux cent cinquante navires de commerce dans la rade de Bourbon, et presque tous sont français. Le chiffre le plus récent élève l'importation à 7,000,000 de francs et les exportations à plus de 10,000,000. La population était évaluée alors à 100,000 individus, dont 28,000 libres et 72,000 esclaves. » Quant aux planteurs, le même voyageur ajoute : « Ils sont en général âpres comme leurs montagnes, sombres comme leurs ouragans, mais ces défauts ne sont qu'à l'écorce; il y a au fond de ces austères dehors des vertus douces et hospitalières. » Cette austérité, qui était plutôt de la rudesse, s'expliquait jusqu'à un certain point par la rigueur qu'ils avaient à exercer à l'égard des noirs : Yolofs, Malgaches, Mozambiques, sur qui pesait entièrement la culture des terres. On les remplaça plus tard par des Indiens, dont on obtint plus de travail et que l'on put traiter avec plus de douceur, parce qu'ils n'avaient aucun des vices des nègres.

tratives s'améliorèrent. En 1819, l'instruction publique fut organisée à la Réunion et Saint-Denis eut un lycée.

La Révolution de 1848, qui abolit l'esclavage dans les colonies, transforma la Réunion. En un même jour 60,000 esclaves furent déclarés libres. La mesure, quoique préparée depuis longtemps, avait une telle portée qu'avant de la prendre on put craindre qu'elle ne donnât lieu à des désordres. Il n'en fut rien cependant, et la proclamation officielle de l'émancipation des noirs n'eut d'autre écho que des cris de joie, accompagnés de danses qui ne durèrent qu'une seule soirée. Le lendemain les noirs reprirent leur travail sur les plantations. Vingt ans s'écoulèrent ensuite sans troubles. Une révolte, qui aurait pu avoir des suites extrêmement graves, éclata en 1868. Les nègres, entraînés par des meneurs, allèrent assiéger l'hôtel de ville de Saint-Denis, et l'agitation ne se calma que lorsque l'on eut fait droit à un grand nombre de leurs griefs.

Depuis lors notre colonie s'est entièrement assimilée les idées européennes. Représentée au Parlement, elle y défend ses intérêts, elle y concourt à la législation générale de la France. Un décret du 10 mai 1892 y a rendu applicable la loi de 1871 sur les conseils généraux. L'organisation administrative y comprend seize communes et deux arrondissements (du Vent et sous le Vent). L'organisation judiciaire y compte des tribunaux civils, des cours d'assises et une cour d'appel. L'enseignement y est dirigé par un vice-recteur. Les travaux publics y sont poussés activement. Le commerce, qui fait la plus grande partie de ses exportations par Marseille et Bordeaux, y accuse des chiffres importants de transactions. Les travaux de chemins de fer, de routes, y étendent d'année en année les réseaux de communication.

***

L'île de la Réunion est divisée en deux parties par deux groupes de montagnes distincts, reliés par un plateau de 1,600 mètres, la *plaine des Cafres*. Les deux parties sont appelées *Parties du vent* et *Parties sous le vent*. Le point culminant est, dans le massif occidental, le Piton des neiges, qui à 3,069 mètres. Trois grandes vallées s'ouvrent autour de cet ancien volcan, et de là, dans des gorges encaissées, s'échappent les rivières du Mât, des Galets, de Saint-Étienne. De la plaine des Salazes, descend la rivière des Marsouins.

« Par un concours de bienfaits rare dans les contrées chaudes, ce pays, si fertile et si pittoresque, est en même temps un des plus salubres du globe. Les premiers explorateurs qu'y porta le courant des aventures au seizième siècle furent émerveillés d'y trouver réunis sous un ciel tropical un air pur et balsamique, une chaleur modérée, des pluies rafraîchissantes, une agréable alternance de brises de terre et de mer. En observant que les plaies s'y guérissaient promptement, que les fièvres et les maladies endémiques y étaient inconnues, non moins que les serpents, les reptiles venimeux et les bêtes féroces, l'essaim de Français envoyés à Madagascar en découverte célébra comme un Eden l'île Mascareñas. La Compagnie de Madagascar en fit un hôpital; les navigateurs de toute nation y déposèrent leurs malades; une population humaine s'y établit dans les conditions les plus douces d'existence, même pour la race blanche. Autour de ces nouveaux hôtes se multiplièrent par leurs soins ou d'elles-mêmes les plantes utiles, et les animaux domestiques pullulèrent avec une merveilleuse fécondité.

« Voilà la terre, — un trésor pour la richesse, un paradis pour le charme. Quel contraste avec l'Océan, qui étreint de ses lames furieuses la base de l'île! Point de ports ni de baies; pour tout mouillage, des rades foraines toujours fatiguées par une mer houleuse dont la violence implacable lance sur le rivage des bancs de sable et de galets qui s'entrechoquent avec fracas. Pendant tout l'hivernage, c'est-à-dire, en langage africain, au temps des grandes chaleurs et des pluies, de novembre à avril, l'agitation tempêtueuse des vagues sème de dangers les abords de l'île : souvent des raz de marée, soulevant la masse liquide jusqu'en ses abîmes, la roulent et la déroulent en nappes immenses qui se brisent contre la plage. Parfois des ouragans, qu'à raison de leur mouvement circulaire la science appelle des cyclones, brisent et engloutissent les navires, et, enveloppant la terre dans leurs fureurs, renversent les maisons, dévastent les cultures, déracinent les arbres, dispersent le sol lui-même à tous les vents. Pendant six mois de l'année, sur les rades, l'inquiétude règne à bord de tous les navires : chaque capitaine étudie le vent, l'œil tour à tour fixé sur le baromètre et sur le ciel, l'oreille attentive au canon d'alarme de la sentinelle qui à terre veille aussi sur le temps. Au premier signal, tout navire prend le large pour échapper au naufrage ou au boulet qui le forcerait de fuir, s'il voulait jouer dans un défi imprudent la vie de l'équipage et la marchandise des armateurs (1). »

*
* *

La Réunion est, parmi nos possessions françaises, une des plus intéressantes a étudier non seulement au point de vue de ses ressources, mais surtout sous le rapport de son histoire. Elle offre un exemple de ce qui peut se réaliser sur un territoire colonial et des résultats brillants qu'il est possible d'y obtenir en des étapes successives et par des jalonnements bien compris.

Il est vrai que la Réunion eut, de 1665 à nos jours, des gouverneurs dont plusieurs ont laissé d'ineffaçables souvenirs de capacité et de dévouement. Au nombre de ces administrateurs de grand mérite se signalèrent Mahé de la Bourdonnais, que nous avons déjà nommé, le comte de Malartic et le général Jacob de Cordemoy, qui y avait le commandement suprême il y a tout juste cent ans.

Charles Simond.

(1) Jules Duval. *La colonie de la Réunion.* (*Revue des deux Mondes*, 15 avril 1860.)

SALAZIE — HÔPITAL MILITAIRE

L'ILE DE LA RÉUNION

Après les terribles chaleurs de la mer Rouge et du golfe d'Aden, les rafales des vents alizés ont rafraîchi l'atmosphère ; nous sommes d'ailleurs presque à la limite des régions tropicales. On a signalé la terre, bien que notre paquebot en soit encore à une grande distance. Les passagers se précipitent à l'avant ; un point grisâtre, une petite nuée... c'est encore tout ce que l'on aperçoit...

Maintenant, c'est un cône qui grandit à vue d'œil, c'est le Piton des Neiges, qui élève sa cime à plus de trois mille mètres. Il faut encore plusieurs heures pour que nous distinguions les détails ; ils sont charmants. C'est à peine si le long du littoral on aperçoit les champs de cannes à sucre qui firent jadis la fortune de la Réunion ; le sol s'élève rapidement vers la chaîne centrale qui, à une altitude énorme, sépare l'île en deux parties isolées. Ces collines, ces montagnes, sont toutes boisées et, de loin, semblent une tache d'un bleu sombre sur l'azur plus doux de la mer et du ciel.

Voici le port. Longtemps la Réunion, — Bourbon, comme l'appellent toujours ses habitants, — longtemps la Réunion n'a possédé aucun abri autour de sa ceinture ovale, découpée à l'emporte-pièce. Un bassin artificiel, où conduit un chenal au milieu de deux puissantes jetées, reçoit aujourd'hui les navires, tranquilles même au milieu de la mer furieuse que fouettent parfois les cyclones.

Mais c'est à la pointe d'une vaste plaine de sable et de galets que ce magnifique travail, dû à la générosité de la métropole, a été accompli, et nos impressions de tout à l'heure disparaissent. Heureusement le train nous attend ; dans de confortables voitures, bien appropriées au service d'un pays chaud, en route pour Saint-Denis, le chef-lieu.

Cinq minutes après, nous sommes à la Possession, dont le nom rappelle l'acte de prise de l'île au nom du roi de France. La pierre où l'on grava la date de cette mémorable cérémonie existe encore, incrustée dans les murs de l'Hôtel du Gouvernement. La Possession n'est qu'un bourg, mais ici, du moins, nous retrouvons des arbres.

Pas pour longtemps. Un coup de sifflet, et le train s'engouffre dans un interminable tunnel, où les bruits des roues et de la machine se répercutent, grossis et multipliés. Deux fois on voit le jour, quelques instants, à la traversée de deux torrents profondément encaissés, la Grande-Chaloupe et la Ravine à Jacques, puis on se replonge dans les ténèbres bruyantes. Après les tunnels du Saint-Gothard et du Mont-Cenis, celui de la Réunion arrive bon troisième au record des longueurs; on y reste enfoui onze kilomètres.

Si loin de l'Europe, dans une petite île, trouver des œuvres pareilles! Ce n'est pas le dernier étonnement que nous réserve ce pays si français, si parisien, à trois mille lieues du boulevard.

Fini, le tunnel. Sous la grande lumière crue d'un ciel incomparable, voici Saint-Denis, perdu dans la verdure. Le premier édifice qui frappe nos regards, c'est l'hôpital, dont les murs se détachent sur un rempart abrupt. Il a été placé là, a dit Mme Ida Pfeiffer, comme le symbole de la charité des habitants.

A notre droite, une longue caserne blanche, où flotte le drapeau tricolore; à gauche, la rade, autrefois peuplée de navires, aujourd'hui déserte. On passe une rivière, et le train, annoncé par le carillon d'une cloche sonore, traverse les rues de Saint-Denis et s'arrête à la gare sous les grands filars, au feuillage triste des sapins. En quelques minutes, nous sommes à l'Hôtel d'Europe; c'est l'heure de l'apéritif, et aux tables disséminées dans les bosquets se déroulent de colossales parties de dominos, ponctuées de lazzis et de rires.

Saint-Denis est une ville à part, c'est plutôt une agglomération de villas, sans rivale dans le monde. Partout des arbres ombragent les voies larges et propres. D'élégantes maisons s'élèvent au fond des cours, derrière les fleurs aux suaves parfums, dont les corolles miroitent au soleil. Les roses, les œillets, l'héliotrope, semblent avoir été trempés dans un triple extrait de leur essence; quand les gardénias s'épanouissent, il faut les couper à mesure. leur odeur est trop pénétrante.

Sauf dans quelques rues consacrées au commerce, les maisons sont en bois, car elles résistent mieux ainsi aux assauts des cyclones.

C'est pendant les nuits limpides et colorées des tropiques, à la clarté d'une lune resplendissante, qu'il est doux de se promener dans les rues solitaires, écoutant le bruissement langoureux du feuillage et la voix, tantôt monotone, tantôt courroucée, de l'Océan. C'est un enivrement ineffable; on comprend que l'île ait d'abord porté le nom d'Eden.

Le matin, il faut aller contempler le panorama de la ville du haut de la montagne, où le sémaphore annonce l'arrivée des navires. Saint-Denis apparaît, de là, comme un de ces villages-joujoux que Nuremberg fabrique pour la joie des enfants. Les édifices se haussent curieusement pour regarder par-dessus les arbres qui les cachent; les rues se dessinent en rubans blancs; de cette verdure émergent les flamboyants, dont les fleurs pressées composent un toit rouge.

C'est bien là une de ces villes qui n'ont pas de passé. Point de berceau primitif, de ces rues tortueuses qui marquent l'enfance de la cité; le cordeau de l'édilité a pu s'étaler impitoyable, sans avoir rien à respecter. Tout est moderne : les édifices et même les arbres, car, spectacle singulier, il est difficile d'en rencontrer appartenant à la flore bourbonnaise; presque tous ceux qui ornent les jardins ont été importés.

Saint-Denis est le centre de l'administration coloniale, dont le chef est le gouverneur. Le conseil général, aux pouvoirs très étendus, vote le budget, règle toutes les affaires locales; on est unanime, dans la colonie, à rendre hommage à son patriotisme et à ses lumières. Pareil éloge est dû aux conseils municipaux, auxquels sont confiées les destinées des communes, généralement très importantes.

A côté de ces corps réguliers, on trouve des sociétés littéraires et scientifiques, des institutions agricoles, tout ce qui contribue à entretenir la vie intellectuelle. J'ai la bonne fortune d'assister aux courses, qui ont lieu sur une vaste plaine au delà de la rivière de Saint-Denis, au pied de la montagne des signaux. Rien n'égale le pittoresque des spectateurs échelonnés sur les pentes accores; tous les peuples de l'Orient semblent s'y être donné rendez-vous avec la population créole. On y voit les costumes les plus bariolés, on entend les langues les plus diverses et le défilé final laisse une ineffaçable impression. Oh! le peintre qui fixerait cela!

Sur les montagnes voisines, les habitants de Saint-Denis ont créé des centres de villégiature, dont la température délicieuse fait à la fois un séjour de luxe et d'hygiène.

On a profité de l'affluence des habitants des communes voisines, des quartiers, comme on dit encore en souvenir des anciens quartiers militaires, pour donner un bal à l'Hôtel de Ville. Les salons sont magnifiques : la grande salle des fêtes est immense, et les grandes glaces accolées sur tout le pourtour reflètent mille fois les plus gracieux visages et les toilettes les plus réussies; on danse partout dans l'édifice municipal, décoré de fleurs à profusion.

Le lendemain matin, je retourne à la gare et je prends le train de la *Partie du Vent*. Les maisons de Saint-Denis s'effacent rapidement devant nous, on traverse le faubourg, le *Butor*, et l'on atteint enfin la campagne; la voie ferrée longe constamment la mer, dont la sépare une ceinture de gros galets. Les champs de cannes à sucre commencent, ils seront le décor du reste de la route.

On traverse le lit d'un torrent desséché, large de plus d'un kilomètre, la Rivière des Pluies; de bas îlots enherbés le partagent en plusieurs bras que franchissent de légers ponts. Durant les fortes pluies de l'été, les eaux s'accumulent dans la vaste tranchée qui sert de lit, au milieu des montagnes. Les bassins supérieurs s'emplissent, et, tout à coup, un grondement sourd se fait entendre; c'est le flot qui arrive, emportant sur son passage les arbres et d'énormes blocs, arrachant aux rives la terre que la culture était venue chercher, et roulant tout jusqu'à la mer, dont la transparence et l'azur sont troublés au loin par cet amas immense de matières.

On arrive au bourg de Sainte-Marie, abrité sous un petit bois de cocotiers, qui lui donne un joli aspect et se reflète dans les eaux de deux ruisseaux jaseurs. Les maisons, pressées autour de la lilliputienne mairie, sont vite laissées derrière nous et, après avoir franchi la Ravine des Chèvres, où la route ordinaire enroule ses lacets le long des flancs de la gorge, nous atteignons Sainte-Suzanne. Ainsi qu'on le voit, toutes les communes ont été vouées par les Bretons, qui ont colonisé Bourbon à quelque saint protecteur.

A notre gauche, un beau phare avertit les navigateurs de la présence de deux seuls rochers qui rendent dangereux l'abord des côtes de l'île. Sainte-Suzanne n'est qu'un gros village, mais dont la couleur locale très prononcée est pleine de charme. La place de l'église, ornée d'une coquette fontaine, entourée de demeures fraîchement ombragées, fait penser aux descriptions de Bernardin de Saint-Pierre. Aucun quartier de la colonie n'a plus le cachet tropical que celui-ci. C'est la patrie du poète Bertin, aujourd'hui bien oublié, mais que nos grands-pères appelaient le Tibulle français.

Au delà de Sainte-Suzanne, le chemin de fer traverse la plaine du quartier français. Les plateaux sont rares à Bourbon; celui-ci rappelle en miniature les campagnes de la Beauce; les cannes à sucre étalent leur luxuriante végétation; leurs tiges, toutes de

SALAZIE — PITON DE PAPANGUE (au pied de l'escarpement du piton)

même hauteur, s'étendent comme un vaste tapis de verdure, tacheté de flèches argentées qui sont les fleurs. Au fond du paysage la mer ferme l'horizon, sur lequel se dessine la *sucrerie* (fabrique de sucre) et la belle demeure du Bois-Rouge, célèbre dans les fastes du patriotisme créole.

Jadis, lorsque cette plaine présentait à l'œil charmé du voyageur les girofliers et les muscadiers, qui, de loin, rappellent les peupliers et les ormeaux, ce devait être pour les Européens comme un mirage de leurs verdoyantes campagnes; et c'est sans doute en souvenir de la mère-patrie que les premiers colons donnèrent à cette plaine le nom qu'elle garde encore. A notre droite, au loin, se dresse fièrement la tête dépouillée du Piton des Neiges.

Après Saint-André, un gros bourg cette fois, réputé dans l'île pour la vaillance de ses habitants, on traverse la rivière du Mât sur un hardi pont en fer de cent mètres de portée. Un splendide panorama se déroule à nos yeux.

L'eau coule en grondant dans un lit profond, sur d'énormes rochers. La vallée est fermée par un contrefort aux croupes arrondies, sillonné d'une haute et étroite cascade. Derrière, les mornes de Salazie, l'Escalier, découpent l'horizon et le pic des Lianes élève dans les airs sa masse énorme. C'est surtout au lever du soleil qu'il faut voir ce magique spectacle. Les rayons colorent en rose purpurin le flanc boisé des montagnes lointaines, et mille effets étranges d'ombres et de lumières se déroulent successivement sur les divers plans qui forment le tableau.

Après la monotone plaine du Bras Panon, voici la Rivière des Roches. Elle ne ressemble guère aux autres torrents de l'île; en son cours tranquille, elle roule une volumineuse masse d'eau; c'est la seule rivière qui, coulant au niveau de la plaine, rappelle celles d'Europe.

La route contourne ensuite les hauteurs du Bourbier, d'où se détache une rangée de noirs récifs derrière lesquels s'abrite un pont-débarcadère. On me montre les quinconces de palmiers et de lataniers plantés par Joseph Hubert, le plus ancien des naturalistes bourbonnais, dont la propriété a été longtemps le jardin d'acclimatation de la colonie.

Saint-Benoît, qui est le terminus de la voie ferrée, est une véritable petite ville. Sa coquette église s'élève au milieu de la plus jolie place de l'île, qu'orne une élégante fontaine.

La ville est partagée en deux par la Rivière des Marsouins. Aucune commune n'est aussi verdoyante que Saint-Benoît. Les cannes à sucre ont pris d'assaut les croupes ondulées des montagnes, presque jusqu'au haut de celle dont la cime aplatie forme la plaine des Palmistes, qu'on devine dans le lointain.

Pour continuer le voyage autour de l'île, il faut se confier à la diligence, attelée à de petites mules fringantes. Les petits hameaux de Saint-François, Sainte-Anne, Saint-Pierre, se succèdent rapidement, séparés par des ruisseaux où coule l'eau la plus transparente qui se puisse voir. L'un d'eux a sa source à quelques mètres au-dessus de la route, dans une anfractuosité de rochers qui fait penser au tableau d'Ingres.

Après la grande Rivière de l'Est, on accède à Sainte-Rose par une route en pente, où la diligence se précipite à bride abattue. Sainte-Rose est bâtie contre la mer, où les flots se brisent sur d'anciennes coulées de lave qui forment de petits bassins habités par des colonies de mollusques et de poissons aux couleurs éclatantes.

Il s'y élève une stèle semblable à celles que j'avais remarquées au champ de courses de Saint-Denis, la plaine de la Redoute, et qui ont été consacrées à la mémoire des Anglais et des Français morts dans le combat qui, en 1810, livra l'île à nos ennemis. Celle de Sainte-Rose rappelle le souvenir du capitaine Corbett, commandant de l'une des frégates de l'escadre anglaise.

C'était quelque temps après la reddition de Bourbon. Le capitaine Bouvet passait au vent avec sa frégate, se rendant à l'île Maurice, encore française. Corbett se mit en chasse.

— Eh bien, dit-il au major Bary, qui s'était targué du désir de voir un combat naval; je vais chercher Bouvet pour dîner, voulez-vous être de la partie?

Le major Bary, excellent homme, d'un pacifique exagéré, eût voulu refuser, mais c'eût été se démentir. Il partit; le lendemain, en effet, il dînait avec Bouvet — à Maurice. Corbett fut tué dans le combat; sa frégate, abandonnée par Bouvet à la vue d'un vaisseau anglais, alla mouiller à Sainte-Rose, où on lui rendit les honneurs funèbres.

On se remet en route; au delà de la Ravine Glissante, le sol prend une teinte rouge due aux minerais de fer qui y abondent. On côtoie deux monticules coniques, le Piton Rond et le Piton Rouge, dont les noms rappellent la forme et la couleur du terrain.

On passe le hameau du Bois-Blanc, le chemin est plus boisé; on touche aux limites des parties cultivées; plus loin on se croirait à la lisière d'une forêt de l'intérieur, dont les principales essences croissent là sur le littoral; enfin une pente rapide quelque peu effrayante, sur une route tracée au bord d'un précipice, nous fait voir, bien au-dessous de nous, le Grand Pays Brûlé.

C'est là, entre les deux remparts élevés du Bois-Blanc et du Tremblay, que, depuis de longues années, le volcan envoie à la mer ses fleuves de lave. Tout contre nous a eu lieu la dernière coulée, dont la teinte plus foncée contraste avec les anciennes déjà recouvertes d'herbes et même de taillis.

Rien ne peut rendre l'aspect morne et désolé du Pays Brûlé. Dans cette large vallée, les éruptions ont accompli leur œuvre de destruction. La lave noirâtre, aux replis onduleux comme les cercles que le vent fait rider à la surface des lacs, s'avance chaquefois dans la mer qu'elle repousse. On suit sa trace depuis le flanc de la montagne, au sommet de laquelle on voit fumer le cratère.

lui-même, le Piton de Fournaise. C'est la vallée de désolation.

Il n'est pas de plus beau spectacle que celui d'une coulée de larve, vue du haut du rempart du Bois-Blanc. On peut suivre, la nuit surtout, les progrès de cette rivière enflammée qui descend de la montagne. Elle gagne lentement la vallée et tombe enfin dans les vagues, qui, au contact de la masse ignée, s'évaporent en nuages immenses et s'élèvent dans les airs avec un étrange bruissement.

MANGUE

Le feu est visible sous l'eau à plus de cinquante mètres. La lame qui s'élance sur cet ennemi ne retourne pas; elle est devenue fumée avant d'avoir eu le temps de retourner.

Le spectacle est plus magique encore lorsque la masse commence à se solifidier. Çà et là, des points noirs apparaissent; bientôt il semble, au milieu des nuits obscures, voir une ville en feu. On croit reconnaître les maisons transformées en brasiers ardents qui brûlent sans flammes. Les rues, les carrefours se distinguent aux traînées noires, aux carrés éteints. On entend les gémissements de la population en fuite dans les clameurs de la mer se débattant contre le rocher embrasé qui la fait reculer pied à pied.

Parfois, un feu d'artifice éclate au milieu du sinistre; la flamme apparaît tout à coup, monte en girandoles capricieuses et meurt dans une dernière gerbe, un dernier éclair, suivi d'un bruit sombre. C'est un arbre qui vient de tomber. Le fleuve igné a rencontré un taillis et abat un à un les troncs qui s'opposent à sa marche; chaque plante renversée s'illumine comme les ifs des décorations publiques.

J'ai allumé mon cigare à ce brasier ardent, j'ai sauté sur les laves à peine refroidies, au-dessous desquelles, par des ouvertures restées béantes, on voyait couler la roche en fusion.

La lave solidifiée, les pionniers reconstruisent la route, interceptée jusque-là. De temps en temps, dans cette vallée lugubre, le chemin s'enfonce dans un bois frais et vert, poussé sur d'antiques coulées. Les feuillages, les fleurs cachent les vêtements de deuil :

SAINT-DENIS — PLACE DE L'ÉGLISE

c'est l'Élysée après le Ténare. Ces alternatives de laves et de petites forêts donnent un charme singulier à ce commencement de la route.

Mais bientôt on ne rencontre plus que des coulées récentes. Quelques herbes seules poussent çà et là sur les roches abruptes ; dans leurs anfractuosités, surtout, les fougères tapissent les parois, comme les cristaux de ces géodes qu'on rencontre dans les cavités des pierres.

Seuls arbres, les filaos étreignent de leurs racines les rochers nus et désolés. Une haie a été établie de chaque côté de la voie, dans des fosses pleines de terre rapportée. Aujourd'hui, leurs graines tombées au hasard donnent naissance à de nombreux rejetons qui finiront par y former une forêt.

On peut ainsi étudier les procédés de la nature. Les plantes les plus simples, dont les germes sont portés par le vent, poussent spontanément sur le roc, contentes des aliments qu'elles puisent dans l'air. Sur leurs débris, d'autres viennent encore végéter et mourir, jusqu'à ce que l'humus formé par ces décompositions successives soit suffisant pour assurer l'existence des espèces supérieures. Ainsi ont poussé les taillis que nous venons de traverser. Ainsi se sont formés les champs et les forêts de l'île; ainsi se peuplerait la vallée de lave si quelque jour le volcan cessait de la ravager.

La voiture met deux grandes et mortelles heures à traverser le Pays Brûlé. Enfin l'on arrive à la montée du Tremblay. Le chemin gravit cette pente escarpée en décrivant des lacets; c'est le même spectacle, le même horizon qu'au Bois-Blanc; et l'on éprouve un sentiment indéfinissable, comme si l'on vous enlevait un poids de la poitrine, quand on perd de vue la terrible vallée.

On est étonné de retrouver des maisons entourées d'arbres et de fleurs. Ces demeures, éparses sur le sommet du Tremblay, semblent reléguées au delà du monde connu; sans penser qu'elles se rattachent à une nouvelle partie de l'île, la Partie sous le Vent, on se demande comment ceux qui les habitent ont pu ainsi s'exiler dans un endroit perdu.

La nature perd peu à peu son caractère de désolation. On retrouve les traces de l'homme, d'abord dans les arbres plantés le long de la route. Ce n'est que plus loin qu'on retrouve les champs de cannes à sucre, indices, à Bourbon, de la civilisation.

Si le Tremblay rappelle le Bois-Blanc, il n'en est pas de même des terres voisines. La Partie du Vent, que nous venons de parcourir, n'offre guère le souvenir de ces grandes scènes de dévastation dont l'île a été le théâtre et le Volcan le principal acteur. Au contraire, à partir du Tremblay, on trouve à chaque instant les traces du violent passage des laves. De temps à autre, on rencontre des coulées qui semblent sorties depuis peu du cratère, bien qu'elles remontent aux temps antéhistoriques de l'île.

C'est là ce qui constitue le caractère distinctif du pays, du Tremblay à Saint-Philippe. La route passe tantôt dans les champs, tantôt sous de véritables allées d'arbres fruitiers, surtout de jamrosas, aux fruits juteux et parfumés; sans cesse elle est coupée par les restes des anciennes éruptions.

Saint-Philippe est le premier hameau qu'on rencontre ensuite. Quelques maisons se groupent autour de l'église et de la mairie, derrière laquelle une usine dresse ses hautes cheminées, beffrois de notre siècle. Saint-Philippe est une sentinelle perdue aux frontières de l'Empire du Volcan.

Entre ce village et Saint-Joseph, la route conserve toujours le même caractère. Dans un endroit, on passe sur une vaste plaine rocheuse qui ramène la pensée au Pays Brûlé. Il y a là un monticule de laves; par quel caprice se sont-elles ainsi arrêtées et accumulées? On ne sait. Mais elles présentent aujourd'hui un singulier spectacle. La masse s'est entr'ouverte, et il s'en échappe des arbres rabougris ; c'est la vie au milieu de la mort.

La route, depuis le Tremblay, est à une grande hauteur au-dessus de la mer; on descend enfin à la Basse-Vallée.

Le nom est mérité; la plaine est presque au niveau de l'océan; elle est nue, aride, et ne montre que quelques arbustes clairsemés On se demande avec anxiété comment l'on sortira de cette vallée : un rempart aux flancs escarpés semble fermer irrévocablement la voie, s'étendant jusqu'à la mer.

L'art a triomphé de la nature; mais le passage est bien fait pour effrayer les timides; il côtoie un précipice haut de quelques centaines de mètres, tandis que d'énormes rochers surplombent la chaussée et semblent toujours prêts à s'échapper pour tout écraser sur leur passage.

Saint-Joseph, qu'on atteint une heure après, est coquettement situé sur les bords de la Rivière des Remparts. On respire là un air de bien-être; les maisons sont bien bâties, les jardins sont en fleurs. La petite église est surmontée d'un clocher qui rappelle ceux de France.

Mais l'on a à peine le temps d'admirer. Au galop ! Et pourtant, nos pauvres mules ont du travail : la route monte et descend alternativement de hautes collines qui ne leur laissent ni trêve ni merci.

Le soleil commence à baisser; heureusement, nous gagnons du terrain et nous voici à la Ravine de Manepany. La route fait un circuit sur les flancs d'un profond précipice; elle remonte un instant vers la source pour passer sur un ponceau peu élevé; quelques mètres plus bas, le sol manque tout à coup, le torrent s'échappe en une immense cascade, qui ne retrouve un lit qu'à une profondeur effroyable, où l'œil peut à peine distinguer le filet blanc qui serpente à travers les rochers et les arbres.

Cette gigantesque gorge a déjà le caractère le plus imposant; mais, arrivé au haut de la rampe, on jouit d'un des plus beaux points de vue de l'île.

Au-dessous, le ravin béant avec sa cascade échevelée ; à droite, la mer bleue et calme, découpée en petites criques; un récif de laves, simulant la jetée d'un port, s'avance dans les flots, couronné d'un débarcadère; au fond, Saint-Joseph laisse entrevoir, au milieu de pitons aux croupes arrondies, ses blanches maisons perdues dans le feuillage; à gauche, les montagnes lointaines dessinent leurs pics élancés sur l'azur du ciel. Le soleil couchant jetait ses derniers rayons sur cette scène et lui donnait la vie. On rêvait du golfe de Naples, avec le Vésuve.

Nous redescendons à toute vitesse vers Saint-Pierre; on passe près de la Petite Ile, rocher aride détaché de la côte. L'aspect du

LA RÉUNION — SAINT-DENIS

sol change; on ne trouve plus guère trace des coulées volcaniques. Le littoral aussi n'a plus la même apparence. Dans la Partie du Vent et jusqu'ici la mer bat sur une plage de galets; maintenant le rivage est formé de sable blanc, débris de madrépores.

VUE GÉNÉRALE DE SALAZIE

Ceux-ci maintenant forment à la côte, à deux ou trois cents mètres de distance, une ceinture contre laquelle se brisent les vagues. Entre le récif corallin et la terre s'étend une sorte de lac salé peu profond.

Après les Grands-Bois, hameau situé à une heure de Saint-Pierre, nous passons la Ravine des Cafres, où se précipite une belle cascade; à côté, la mer pénètre sous une coulée de laves dans une profonde caverne dont le plafond supérieur perforé laisse les lames s'élancer dans les airs avec le bruit formidable d'un cyclopéen soufflet de forge.

Nous traversons le faubourg de la Terre-Sainte et nous voici à Saint-Pierre. C'est une seconde édition de Saint-Denis, mais avec des rues dont la pente défie les plus ingambes. La ville est propre, les ruisseaux des rues laissent écouler un petit ruisselet babillard qui ajoute à la fraîcheur apportée par une brise carabinée. Le climat âpre a contribué à faire de la population de cette commune l'une des plus entreprenantes et des plus laborieuses de la colonie.

Ici, l'on reprend le chemin de fer qui va nous ramener à Saint-Denis; on passe la rivière Saint-Étienne sur un pont colossal établi malgré les plus grandes difficultés. La brise qui descend du Piton des Neiges est froide et nous procure d'agréables moments.

Saint-Louis est bâti à peu de distance de la rivière.

Un canal remplace le fossé du chemin et prête une vie, une animation extraordinaires à la petite ville. Deux rangées d'arbres ombragent la route. Une jolie église témoigne du bon goût des habitants.

Plus loin, nous apercevons le château de Gol, édifice d'un caractère unique à Bourbon. Tout auprès un étang dessine un croissant au milieu des champs.

A quelque distance, la mer forme sur le rivage un autre lac, l'Etang salé, qui est la ligne de démarcation entre deux rivages bien différents. Là commencent des dunes de sable arrondies par le vent qui sans cesse les soulève et les pousse devant lui, sable gris dont la couleur contraste avec les blancs débris de madrépores, qu'on retrouve encore plus loin, à partir de Saint-Leu.

Dans ces dunes mouvantes, les pauvres habitants du littoral ont bâti un petit hameau de pêcheurs, dont la seule industrie terrestre est la culture des sables couverts de pastèques.

Toute cette région a été transformée, par les soins de l'administration forestière de l'île, en magnifiques forêts de filaos, auxquelles on ne saurait refuser son admiration. Là où il y a quelques années on ne rencontrait que le désert, on a maintenant des ombrages épais sous lesquels les plantes annuelles édifient un sol nouveau. La colonie s'est imposé, pour arriver à ce résultat, d'importantes dépenses, et son espoir n'a pas été déçu.

La baie de Saint-Leu est découpée en petites criques, où l'eau protégée par une barre de récifs se ride à peine sous le vent. Ces promontoires s'élèvent en contreforts qui vont rejoindre les montagnes; le sol lui même est ainsi partagé en vallées; au fond de l'une d'elles on aperçoit Saint-Leu, dont les maisons sont abritées par quelques rares taillis. C'est une situation exceptionnelle.

On franchit la Grande et la Petite Ravine sur des petits ponts en maçonnerie dont la hardiesse est vertigineuse. Le train passe à toute vapeur sur l'étroit tablier, qui ne présente aucun garde-corps, et l'on contemple avec émotion le filet d'eau qui coule si bas, si bas au-dessous. Nous traversons maintenant des terres abandonnées, faute d'irrigation, et qui sont devenues le rendez-vous de légions des jolis oiseaux qui peuplent l'île; les bengalis et les sénégalis au bec rose s'enfuient à l'approche du train; les tarins jaunes se perchent curieusement sur les filaos et lancent comme pour nous narguer leur notes vives et aiguës; les coutils s'élèvent de leurs bonds capricieux, tandis que les cardinaux de pourpre se cramponnent sur la tige des graminées, animant le paysage de leurs vives couleurs et de leur cri strident; enfin les martins, toujours aux aguets, font entendre leur chant de méfiance, si intelligent, si civilisé.

Autour de Saint-Gilles, la coquette station balnéaire si animée pendant les vacances, on retrouve les splendides forêts de filaos. Voici enfin, couchée au bord de la magnifique baie, tranquille comme un bassin, la ville de Saint-Paul, la patrie de Parny et de Leconte de Lisle, la charmeuse endormie. Jadis animée et vivante, elle a perdu peu à peu son importance, et le voisinage du port de la Pointe des Galets lui a donné le dernier coup. Mais on la salue toujours avec respect, cette cité de la poésie, des belles filles sœurs, de celles que Leconte de Lisle voyait chaque dimanche descendre en Manchy; on espère toujours que viendra l'enchanteur qui lui parlera à l'oreille et la réveillera.

Près de Saint-Paul, un étang reçoit les eaux de la rivière de Bernica, qui coule dans une poétique gorge aux remparts couverts d'une végétation touffue. George Sand en a fait la description dans *Indiana*.

La gorge de Bernica a été témoin d'une scène épouvantable. Une jeune femme s'y baignait en compagnie de son mari et d'autres personnes. Embarrassée dans les herbes, elle s'y noya, entraînant avec elle dans la mort son mari et un ami courageux accouru à son secours.

Le train s'arrête au Port où nous avons débarqué; je vais voir plus longuement ces belles jetées en énormes blocs qui ont marqué une étape dans le progrès des constructions maritimes; ces bassins aux eaux calmes, bordés de magasins et d'appareils perfectionnés et où opèrent les grands vapeurs de la Compagnie des

Messageries Maritimes, qui relient la Réunion à la France et à la grande terre française de Madagascar. Puis je rentre à Saint-Denis, émerveillé encore une fois, après cette tournée, de me retrouver dans la cité sémillante qui m'avait tant séduit à la première vue.

Mais on n'est pas venu si loin pour se reposer. Je n'ai encore vu que le tour de l'île, cette lisière qui n'a que quelques kilomètres de large, mais où s'est concentrée par nécessité toute l'activité créole, car l'intérieur n'est composé que de hautes montagnes dont les flancs escarpés ne peuvent être cultivés. Il y a pourtant quelques exceptions, et je voulais les connaître.

Bourbon possède de nombreuses sources thermales, mais trois seulement ont été aménagées et attirent de nombreux malades : Salazie, Cilaos et Mafate. La première, comme les villes d'eaux d'Europe, est devenue par surplus un centre mondain de villégiature où l'on va se reposer pendant les vacances. Pour s'y rendre, on prend le chemin de fer jusqu'à St-André, et de là on doit louer une voiture, car il n'existe aucun service public. La route s'étend le long de la rivière du Mât. Parfaitement macadamisée, comme toutes celles de la colonie, qui sont sans doute les plus belles du monde, elle gravit lentement les 800 mètres d'altitude au haut desquels s'est créé le charmant village de Salazie. A chaque pas, ce sont des beautés nouvelles : pics sourcilleux, cascades échevelées, bois fleuris; on passe une première fois la rivière à l'Escalier, localité qui tire son nom de la disposition en gradins des montagnes d'alentour; on la franchit encore en arrivant au village, où s'est groupée la population de la commune, à quelques kilomètres encore de la source thermale.

Rien de plus frais, de plus coquet que les villas de Salazie; rien de plus frais, de plus charmant que les jolis minois qui les habitent. L'air vivifiant des montagnes, le froid que l'on ressent parfois très vivement durant l'hiver, donnent à la population de cette commune un teint et des couleurs plus rares sur le littoral.

La source a eu des aventures; à une époque elle a disparu; maintenant elle ne fournit qu'une quantité assez minime que l'on est obligé de recueillir dans des réservoirs et de réchauffer pour les bains. Sa composition, comme celle de Cilaos, est très analogue à celle de l'eau de Vichy, et l'onne compte plus les cures merveilleuses qu'on y a obtenues.

La saison est très animée, très joyeuse, mais il n'y a ni baccara, ni petits chevaux; on les remplace par la danse, ce qui n'est peut-être pas un mal.

Le territoire entier de Salazie est une succession de merveilles. Je vais visiter la Mare à Poules d'eau, charmant petit lac aux ondes bleues, qui s'ouvre dans une clairière, au pied du Piton d'Anchaing, un morne quadrangulaire presque inaccessible, qui jadis a servi pourtant longtemps de refuge à ce qu'on appelait un *noir marron*, c'est-à-dire un esclave fugitif, Anchaing, dont les prouesses remplissent encore une foule de légendes bourbonnaises. Cilaos, l'autre station thermale de la Réunion, conserve aussi le nom de l'un de ces martyrs de la liberté, contre lesquels les *blancs* employaient les procédés les plus barbares. Les *outlaws* le leur rendaient d'ailleurs bien.

Le massif qui comprend le Piton des Neiges s'appelle les Trois Salazes ; Salaze est le nom malgache du trépied composé de trois pierres sur lesquelles se pose la marmite des naturels de la grande

VUE INTÉRIEURE DU CIRQUE DE SALAZIE — LE PITON D'ANCHAING

Ile, et trois petits pics simulent parfaitement cette disposition sur l'énorme montagne.

Dans ses flancs, la chaleur ne fabrique pas seulement l'eau minérale; elle dissout aussi, dans une autre source, des calcaires qui se déposent en couche au contact de l'air et forment des pétrifications du plus charmant effet. On fossilise ainsi des plantes, des nids d'oiseau au dessin délicat.

Les eaux qui sourdent du massif l'ont miné depuis des siècles, et la croûte extérieure était restée en surplomb. Vers 1868, un éboulement gigantesque se produisit. Tout un pan de montagne glissa, entraînant avec lui les maisons, les cultures plantées sur la pente; ce fut une horrible hécatombe; là où s'étalaient de vertes prairies, des jardins fleuris, je ne retrouve plus maintenant que le chaos; des blocs de rochers de centaines de mètres cubes ont été projetés à des kilomètres.

C'était une seconde édition du désastre à jamais célèbre qui a eu lieu en Suisse en 1806. Jusqu'à l'heure actuelle les voyageurs, au sortir du tunnel du Saint-Gothard, constatent les traces de la catastrophe. Celle du Grand Sable, à Salazie, restera aussi longtemps l'épouvante des voyageurs.

Le long des remparts qui enceignent Salazie, comme partout dans l'intérieur, d'ailleurs, se projettent d'immenses cascades, comme des écharpes irisées où se jouent les rayons du soleil. Il est des recoins de forêts où les ruisseaux sont couverts de framboisiers aux fruits pourprés, des framboisiers d'une espèce spéciale, dont l'arome parfume le voisinage et qui sont une véritable manne pour le voyageur altéré.

Cilaos est séparé de Salazie par le Piton des Neiges qui les surplombe tous deux; en ligne droite, les deux sources ne sont distantes que de quelques kilomètres, et sans doute la nature les fabrique-t-elle dans le même laboratoire. Mais pour passer de l'une à l'autre, il faut gravir des escarpements que nombre de chasseurs de chamois n'oseraient affronter. Pour le vulgaire, il faut retourner à Saint-Denis et prendre le chemin de fer jusqu'à Saint-Louis. Là une voiture vous porte à l'entre-deux, et il faut ensuite se confier à des porteurs, qui vous font accomplir en fauteuil les trente kilomètres que gravit le sentier de Cilaos; on peut aussi s'y rendre à cheval; mais il y a un passage d'un demi-kilomètre environ, le Cap Noir, où il faut être bien sûr de sa monture pour ne pas mettre pied à terre.

L'altitude de Salazie est de huit cents mètres; celle de Cilaos, de douze cents; aussi le froid y est-il plus vif. On a vu, bien rarement, les flancs du pic central se couvrir de neige, et alors la température est très basse. L'eau thermale est excessivement abondante, elle sourd sur les berges d'une rivière, et l'on a établi des cabinets de bains où le volume se renouvelle en quelques minutes; l'une des sources sort de terre à plus de 40°.

Au point de vue médical, Cilaos se trouve donc dans de bien meilleures conditions que Salazie; mais il a contre lui son éloignement de Saint-Denis et n'a pu en conséquence se hausser au rang de station de luxe. C'est ce qui explique qu'on ne lui a pas encore donné de route carrossable. Il n'y a que quelques maisonnettes et la vie n'y offre pas tout le confort qu'en trouve de l'autre côté de la montagne, où les Mauriciens envoient chaque année leur contingent de baigneurs.

Mafate est dans les mêmes conditions que Cilaos, au milieu des montagnes de Saint-Paul. L'eau y est sulfureuse, ce qui lui procure la visite des malades spéciaux.

Quelques plateaux de l'intérieur sont également habités; la plaine des Palmistes, la plaine des Cafres, sont les principaux. Là, je retrouve avec joie les cultures de la France : le blé, l'avoine, la pomme de terre. Les pommiers s'y couvrent de fleurs et toutes les variétés de fruits européens se trouvent chez des colons qui les cultivent avec amour.

La plaine des Cafres est à quinze cents mètres d'altitude. Tous les matins la terre s'y recouvre d'une couche épaisse de gelée blanche. Singulier pays où en quelques heures on peut parcourir l'échelle entière des climats, depuis la plage de Saint-Paul, où mûrit la datte, jusqu'aux cimes des montagnes intérieures, où aucune plante ne peut plus vivre.

De la plaine des Cafres, en caravane, nous avons accompli deux excursions, qui celles-là ne sont pas banales. Il faut tout porter avec soi : nourriture, coucher, couvertures surtout, et notre effectif se triplait du nombre des porteurs.

Chacun d'eux, en outre d'une charge sur la tête, a sur son dos la *bretelle*, espèce de sac retenu aux épaules par deux cordes et qui est son complément obligatoire. C'est la giberne réduite à l'état élémentaire et, comme la véritable, elle contient le fourniment et les vivres nécessaires à l'homme lui-même pour plusieurs jours.

Un soir que nous nous étions égarés et séparés du gros de nos porteurs, nous avons dû passer la nuit en plein air, loin de tout abri, loin de l'eau. Heureusement, dans la bretelle d'un homme qui nous avait suivis, il y avait une petite marmite, quelques pintes de riz et deux bouteilles de vermouth.

Nous pûmes apaiser notre faim en faisant cuire le riz dans l'apéritif; ce n'est pas là un plat à recommander aux futurs Vatel, d'ailleurs.

Il n'y a aucun sentier; on doit prendre un guide parmi cette race de montagnards qu'on appelle à la Réunion des petits créoles, blancs, blonds souvent, que leur esprit d'indépendance retient loin des centres trop civilisés du littoral. Là-haut sur les pentes des montagnes, ils édifient une paillotte où toute la famille, nombreuse, écoule philosophiquement des jours toujours pareils : on élève quelques porcs, des poules picorent dans les bois d'alentour, on plante un peu de maïs; la pêche et la chasse fournissent le complément de l'alimentation. Race robuste, très belle, d'un courage et d'une honnêteté à toute épreuve.

Pour les apprécier, il faut s'être confié à eux dans ces difficiles excursions où l'on traverse des passages auxquels ensuite on ne peut penser sans épouvante. Avec un sang-froid superbe, ils se jouent du danger, et c'était stupéfaits que nous voyions passer des jeunes filles un paquet sur la tête, le long de rochers où il nous fallait l'aide de nos guides pour nous cramponner.

Leur fusil envoie sa balle où ils la dirigent, et durant les guerres du premier Empire c'était parmi ces intrépides que Surcouf recrutait les volontaires avec lesquels il faisait trembler la marine anglaise.

La course sera longue et pénible; un alpenstock est de rigueur, mais il faut se garder de le prendre pesant. Nous nous coupons chacun un bâton de mahot, arbre aux fleurs ravissantes, dont le poids est incroyablement faible, tout en étant assez résistant pour empêcher une chute. Nous ne cessons tout le long de la route de nous émerveiller de la légèreté de notre soutien.

Je renonce à décrire les passages où il faut s'aventurer pour

TYPE DE LA RÉUNION

arriver au Piton des Neiges, le Coteau Maigre, lame de couteau qui sépare deux précipices; les plaines de Mazerin, toujours couvertes d'humides brouillards et où l'on patauge dans une boue composée de plantes amphibies.

Je remarque la façon dont s'y prennent les guides pour retrouver leur chemin dans ces lieux déserts où le plus souvent on ne voit pas à vingt pas à cause de la brume : il est renouvelé du Petit Poucet. A chaque instant, ils cassent des brindilles et les jettent d'une façon intelligible pour leurs confrères. Il en est qui reconnaissent la main à qui l'on doit les indications.

Le soir arrive, on atteint avec effort la caverne où l'on passe la nuit; quelquefois ce n'est qu'un simple encorbellement de pierres;

HÔTEL DE VILLE DE SAINT-DENIS

d'autres fois on est un peu mieux garanti; on allume un grand feu à l'entrée, et sur de l'herbe ramassée à la hâte on étend les nattes et les couvertures.

Les guides et les porteurs préparent le repas, auquel on fera tout à l'heure un accueil empressé. Point n'est besoin de vaisselle; dans les forêts, un grand nombre d'arbres portent des feuilles très larges et luisantes, qui servent d'assiettes; une feuille en roulée remplace avec avantage le verre, et Diogène lui-même aurait trouvé que son écuelle pourrait être réduite à une plus simple expression. L'eau des torrents qui coule sur des roches primitives est d'une pureté sans égale. Aux provisions apportées *des bas* (du littoral), nous pouvons joindre le cresson qui pousse dans tous les ruisseaux, les feuilles d'une sorte de bégonia sauvage qui donnent d'excellents épinards. En cas de nécessité on pourrait même — cela s'est fait — manger la farine que recèle le tronc de la fougère arborescente, cette étonnante fougère qui élève son panache de feuilles colossales à plus de deux mètres de hauteur et est l'ornement des forêts de Bourbon. La vérité m'oblige à dire que je n'ai pas eu l'occasion de goûter à ce dernier mets.

Mais les guides restent des heures à se conter des histoires devant le feu. Les histoires ont toutes un fonds commun : il y est beaucoup question des méfaits de Satan. Le pauvre monde est tellement le jouet des apparitions et des farces des suppôts de l'enfer ! Qui n'a vu au moins une fois dans sa vie ces gnomes malfaisants s'ingénier à faire perdre la route? Car chacun est la victime de sa profession, n'est-ce-pas? Ainsi la montagne, la lande, le désert, engendrent les mêmes croyances; le *tigounoune* malgache est le frère du korrigan breton. Il y avait surtout l'histoire d'un certain *maudit bœuf*. Je regrette bien de l'avoir oubliée.

La caverne Dufour, où nous passons la nuit qui précède l'ascension du Piton des Neiges, est située à 2,500 mètres; le matin nous sommes obligés de casser la glace des flaques d'eau voisines pour notre toilette. On part de grand matin et sur le bord de l'immense enceinte où gît Cilaos, sur une mer de neiges, nous sommes témoins d'un merveilleux spectacle. Le soleil qui s'est levé derrière nous projette les nuées d'arcs-en-ciel complets, au nombre de sept, aux couleurs étincelantes, entourés à une grande distance d'un cercle tout blanc. Au milieu de cercles magiques, notre image agrandie se dessine avec tous ses détails ; le moindre mouvement est répété avec une fidélité photographique. L'apparition dure de longues minutes, et nous ne cessons de prendre les poses les plus étranges pour en apprécier l'effet sur la glace colossale que le ciel a mise à notre disposition. De temps en temps, un oiseau se précipite dans les flots de nuages qui remplissent la vallée et disparaît, telle une mouette sous l'océan.

Le dernier cône du Piton est uniquement composé de galets brisés comme du macadam, qui se tiennent sous un angle invraisemblable. A chaque pas que nous franchissons, nous reculons de deux; il faut deux heures d'efforts inouïs pour atteindre enfin le sommet. Notre vue règne sans obstacle sur toute l'île dont les rivages sont si loin là-bas. Maurice profile sa silhouette à l'horizon.

Le voyage au Volcan est encore plus difficile, au moins à la fin. La première partie s'accomplit sur la Plaine des Cafres, au milieu d'interminables champs de fraises. Notre petit fraisier des bois, introduit au siècle dernier par Commerson, un botaniste, a trouvé dans les hauteurs de Bourbon un sol d'élection; il s'est propagé partout, et le fruit en est excellent, parfumé.

Le Volcan a créé toute l'île; d'abord la partie qui s'étend de Saint-Paul: la Plaine des Palmistes; le cratère devait être dans le massif des Salazes, qui entoure le Piton des Neiges; mais toute trace en a disparu. Plus tard, la bouche ignée a marché vers l'ouest; là, ses manifestations successives sont encore visibles. Le premier cratère éteint que nous rencontrons porte le nom de Commerson.

Peut-être ne connaissez-vous pas ce botaniste, dont le souvenir est resté dans la science? Attendez. Quand il s'embarqua sur une des frégates du roi pour faire le tour du monde, s'offrit à lui un jeune valet, fort gentil, très coulant sur l'article émoluments, sollicitant seulement l'honneur d'accompagner son maître. Après le départ, Commerson reconnut que le petit domestique était une femme qui lui donnait là une preuve peu commune de dévouement; elle s'appelait Hortense. Ils herborisaient ensemble et rapportaient de leurs récoltes communes la fleur que vous connaissez bien, l'Hortensia.

Le cratère découvert par Commerson est aujourd'hui un petit lac; le botaniste se vantait de s'être baigné dans un volcan. Plus loin, une foule de petits cratères parsèment de trous une grande plaine; ils s'appellent ceux-là du nom d'un géologue du siècle dernier, Ramond.

Nous couchons, à 2,500 mètres, à la Caverne des Lataniers.

La nuit est tellement froide que je vais avec mon thermomètre en main constater la température; elle est de huit degrés au-dessous de zéro.

Le Piton de Fournaise, couronné par le cratère, est un cône de trois cents mètres, aux formes géométriques. Il s'élève tout droit sur une plaine volcanique absolument fermée par des remparts qui décrivent un fer à cheval. Longtemps on n'avait pu y descendre - au siècle dernier un gouverneur, M. de Bellecombe, fit rechercher un passage, et un guide trouva enfin un couloir accore qui a gardé le nom de celui qui y passa le premier. C'est un exercice acrobatique qui n'est pas à la portée du premier venu. Au fond de la vallée s'élève un monticule aux formes étranges, simulant la tanière du fourmi-lion ; on l'appelle le Formica Leo.

L'ascension du cône, sur les laves coupantes, a pour récompense le plaisir de regarder, accroupi, dans le fond du puits régulier où la nature élabore ses roches. On n'y aperçoit en temps ordinaire que des fumerolles. Aux époques d'éruption on ne voit rien, car l'approche est impossible. Le cratère rejette perpétuellement, sous forme d'obus, des pierres qui écraseraient le téméraire assez osé pour tenter le voyage.

Ce n'est pas par le cratère que sortent les coulées de lave. Les parois du puits ne sont pas assez solides pour résister à leur pression, et il s'y produit des fissures, des *rarres,* par où s'épanche la matière en fusion.

Il est facile de distinguer sur les côtés du cône les cicatrices de ces ouvertures momentanées que bouche en fin de compte de la lave refroidie.

Bourbon, quand il fut découvert au commencement du seizième siècle, était une immense forêt; les navigateurs de cette époque ne tarissent pas en dithyrambes sur la beauté, la salubrité de la perle de la mer des Indes. Son nom lui a été donné en l'honneur de la famille royale parce que, dit l'historien, il n'en était aucun qui pût mieux exprimer l'excellence du pays. Le café, les épices ont été longtemps la seule culture; les habitants vivaient modestes mais heureux.

La fièvre industrielle a changé cet Eden. La culture à grands revenus de la canne à sucre a fait détruire les forêts de girofliers, de muscadiers, de caféiers. Sur toute l'étendue cultivée on ne vit plus que l'orgueilleuse graminée; une cheminée de fabrique de sucre équivalait à un blason. Ce fut une époque de richesse sans égale. Ces choses-là se passaient aux environs de 1860; la nature s'était prêtée à la joie générale; pendant plusieurs années de suite aucun cyclone n'avait visité la colonie.

Mais c'était l'époque où la science renouvelait l'industrie européenne. La betterave s'enrichissait de sucre sous l'effort d'une culture méthodique; les procédés d'extraction se perfectionnaient en même temps. Arriva le moment où la richesse naturelle de la canne à sucre put à peine permettre aux colonies de lutter avec la métropole. Les frais occasionnés par le transport les mettaient dans un état d'infériorité manifeste. Une détaxe, dite de distance, leur donna quelques regains de prospérité; mais même cette faveur a été supprimée et la bataille est décidément inégale.

Pour comble de malheur, depuis 1863 les cyclones sont revenus s'abattre avec fureur sur la Réunion. Il faut avoir été témoin de ces phénomènes atmosphériques pour avoir une idée de leur puissance. Depuis plusieurs jours, la température est devenue insupportable;

L'ÉGLISE DE SAINT-BENOÎT

des nuages violemment chassés traversent les nues; le ciel, au coucher du soleil, se colore d'un jaune éclatant caractéristique. Le baromètre commence un mouvement de baisse qui ne s'arrête plus.

Le cyclone est un vaste tourbillon qui tourne autour d'une zone centrale très resteinte, de quelques kilomètres seulement de diamètre, et où règne un calme complet, tandis que la vitesse du vent dans le tourbillon est considérable et dépasse le double de celle d'un train rapide. Toute l'immense trombe se déplace lentement de l'équateur vers les pôles en parcourant une courbe connue sous le nom de parabole.

Quand commencent les signes avertisseurs de l'approche du terrible météore, on ne sait s'il passera directement sur l'île, ou s'il ne fera que l'effleurer; mais partout on se prépare à l'assaut. Les fenêtres sont fermées, tout est consolidé, on se procure des provisions pour plusieurs jours, car bientôt il sera impossible de sortir.

L'orage éclate; les arbres, secoués, tordus jusqu'à terre, sont déracinés, les toitures enlevées, les maisons saccagées et renversées. Des trombes d'eau ravinent les rues; les rivières débordent; la mer furieuse envahit les terres. C'est une scène de désolation indicible, qui dure douze ou quinze heures. Soudain tout cesse comme par enchantement; le ciel redevient bleu et le soleil se montre. Illusion; une heure ou deux, et tout le fracas recommence, affreux, plus terrible encore, car le vent vient maintenant du point opposé de l'horizon et secoue en sens inverse les obstacles qui lui ont jusque-là résisté.

Le passage a duré vingt heures; deux coups de tonnerre annoncent que c'est fini pour cette fois, le vent du moins, car la pluie ne s'arrêtera pas de quelques jours. Chacun va, le cœur serré, constater ses pertes. Dans la ville de Saint-Denis seule, cent charrettes pendant un mois suffisent à peine à enlever les débris des arbres entassés dans les rues. Les pauvres ont perdu leurs chaumières, les riches ont vu en quelques heures disparaître l'espoir de la moisson future.

Vingt ans, la Réunion a été visitée chaque année — et souvent plusieurs fois — par ces redoutables ennemis. Depuis quinze ans, au contraire, ils ont presque disparu. On attribue cette immunité aux conséquences de la fameuse éruption du Krakatoa, qui en 1882 a bouleversé les îles de la Sonde. Espérons-le; mais on vit toujours là-bas avec la frayeur du retour des anciennes secousses.

L'accalmie du ciel n'a pas rendu à la Réunion la prospérité. Les longues années de pertes ont endetté les propriétaires et le progrès est incessant en Europe. Certes, on le suit autant qu'on peut à la Reunion, car il n'est pas de croyance plus erronée que celle de l'indolence du créole. Nulle part, plus que dans les colonies, l'homme ne lutte avec plus d'âpreté contre les éléments. Qu'est-ce que la grêle, qu'est la gelée à côté des cyclones? Et pourtant nul ne désespère là-bas au lendemain des effroyables tourmentes; mais si l'on produit à aussi bas prix qu'en France, la distance des centres de consommation ne diminue pas, et ce sont là des frais qui imposent une infériorité inéluctable.

Je suis allé dans ces fabriques de sucre coloniales; ce sont les mêmes machines que celles qu'on voit en Europe, aussi bien tenues. Des Indiens au costume sommaire, un simple linge autour des reins, conduisent magistralement les vastes appareils compliqués qui leur sont confiés. Une température d'étuve règne dans ces ateliers. On peut, en quelques minutes, suivre le progrès de la fabrication. Des montagnes de cannes arrivent sur des charrettes traînées par des mules fournies par le Poitou; les cannes sont présentées à un laminoir appelé moulin, dont les cylindres font couler un jus sucré, tandis que la pulpe, séchée, devient le combustible de la fabrique. Le jus est déféqué dans des bassines en cuivre, par une addition de chaux, puis cuit dans des appareils où des pompes entretiennent un vide relatif. Quand le sirop est assez concentré, on l'écoule dans des formes où cristallise le sucre qu'on extrait ensuite au moyen d'essoreuses appelées turbines, qui tournent avec rapidité et projettent le sirop au travers d'une toile métallique.

Le sucre est emballé dans des sacs fabriqués avec les feuilles d'un singulier arbre qui croît dans les galets du bord de la mer et qui s'appelle le vacoi. Des femmes, surtout, tissent avec art ces emballages; c'est une industrie presque cantonnée dans les communes de l'ouest, Sainte-Rose et Saint-Philippe. On voit souvent des amas de ces sacs dans nos ports de mer, au Havre et à Nantes.

Rendons à l'industrie sucrière un hommage d'autant plus méritoire qu'il est plus rare. Le sucre est l'un des rares produits de l'industrie humaine sur lesquels le génie de la falsification n'ait pas encore exercé ses ravages.

Plus poétique est la culture du café. Les arbustes au feuillage élégant qui produisent la précieuse graine ne viennent qu'à l'ombre des grands arbres, de sorte qu'une caféière est une véritable forêt. Quand les caféiers sont couverts de leurs fleurs blanches, c'est un parfum d'une douceur extrême qui se répand dans l'atmosphère. L'odorat satisfait, c'est le tour de la vue; l'arbuste se couvre de fruits rouges comme les cerises, que l'on cueille un à un; après dessiccation, ils passent au mortier; le pilon casse et sépare l'enveloppe noirâtre; la graine peut être aisément ramassée.

Une autre culture donne encore à la Réunion un revenu important, celle de la vanille. Les gousses sont produites par une liane charnue qu'on fait grimper sur des arbustes tuteurs. Les fleurs ne se fécondent pas naturellement ; il faut l'intervention de l'homme, armé d'une aiguille de bois avec laquelle on pratique lestement une petite opération après laquelle le fruit se développe. Mais la maturité ne suffit pas à donner à la vanille le parfum et la résistance à la pourriture ; elle exige une préparation spéciale qui produit ces magnifiques gousses, pour lesquelles la Réunion est restée sans rivale.

Malheureusement, la culture intensive développe chez la plante une maladie de langueur spéciale. La liane, qui paraît verte et vigoureuse, jaunit et se flétrit au moment de la production, et l'on voit se perdre, en quelques jours, le fruit de longs et patients travaux.

Bourbon fournit de pommes de terre Maurice et Madagascar. On y trouve à profusion tous les légumes du monde, ceux d'Europe et ceux des tropiques ; le marché de Saint-Denis en exhibe des collections aussi variées que volumineuses.

Que de charmantes excursions j'ai faites encore dans ce pays privilégié, dans la compagnie d'hôtes bienveillants et empressés ! Que d'agréables moments j'y ai passé ! Il faut pourtant se séparer de tant d'amis. Me revoici au port de la Pointe des Galets sur l'excellent bateau qui va me ramener en France. L'île disparaît lentement à l'horizon maintenant ; elle s'efface ; c'était un rêve, mais un bien doux rêve.

C. de Cordemoy

TYPE DE LA RÉUNION

www.ingramcontent.com/pod-product-compliance
Ingram Content Group UK Ltd.
Pitfield, Milton Keynes, MK11 3LW, UK
UKHW012125240726
13965UKWH00005B/1969

9 782013 077798